AF563087

ÉLOGE

DE

VIDAL (DE CASSIS)

LU A LA SOCIÉTÉ DE CHIRURGIE, LE 13 JUILLET 1859

PAR

Alphonse GUÉRIN,

Membre de la Société de chirurgie, chirurgien de l'hôpital de Lourcine.

Paris. — Imprimerie de L. Martinet, rue Mignon, 2.

ÉLOGE

DE

VIDAL (DE CASSIS)

LU A LA SOCIÉTÉ DE CHIRURGIE, LE 13 JUILLET 1859

PAR

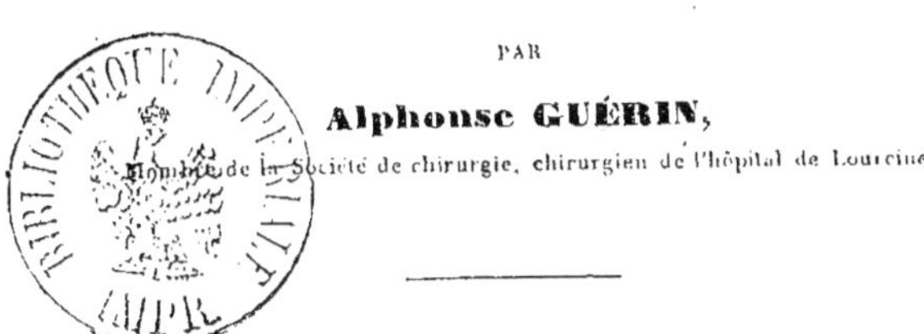

Alphonse GUÉRIN,

Membre de la Société de chirurgie, chirurgien de l'hôpital de Lourcine.

Lorsqu'un homme meurt après avoir fait dans ses livres et dans ses publications périodiques une polémique ardente et parfois personnelle, les susceptibilités d'amour-propre, les intérêts lésés, les amitiés froissées de ses contemporains, toutes les passions grandes ou petites qu'il a excitées peuvent lui survivre, et il arrive souvent que les inimitiés les moins oublieuses ne sont pas celles qui se sont manifestées le plus hautement pendant la vie de l'écrivain. Si j'avais pu craindre que Vidal eût éveillé de pareils sentiments rétrospectifs, j'aurais dû laisser à un autre, plus habile que moi dans l'art de bien dire, le soin de rappeler devant vous les qualités éminentes du collègue que nous avons perdu; mais, quand je n'aurais pas été rassuré, sous ce rapport, par le respect dont Vidal savait honorer chez les autres l'étude, les convictions, les lumières et le dévouement à la science, ne le serais-je pas suffisamment par la bienveillance et la piété dont une tombe est toujours entourée, quand elle se ferme sur un homme de bien, qui, pour être juste, sut sacrifier ses sympathies personnelles, qui voua sa vie tout entière à l'étude, et qui, frappé sans avoir recueilli le prix de ses travaux, trouva encore à son lit de mort un sourire et pas une plainte, malgré le lourd fardeau de peines qu'il eut à supporter?

Vidal, messieurs, n'a point une physionomie ordinaire. Comme auteur de livres devenus classiques, comme chirurgien et comme journaliste, il a pris une large part au mouvement scientifique de notre époque, et à ce triple point de vue il est intéressant à étudier.

Né au village de Cassis, près de Marseille, le 3 janvier 1803, d'une famille qui eût eu de l'aisance si elle avait été un peu moins nombreuse, Auguste Vidal passa son enfance au milieu des champs. Le vent de la mer, aussi sain pour l'homme qu'il est vivifiant pour les végétaux, développa sa poitrine et lui donna une vigoureuse constitution, que le travail devait bientôt altérer.

Son éducation fut confiée au curé de la localité, qui lui apprit ce qu'il savait de français et de latin. Ce prêtre, ancien dominicain, qui avait été recueilli par le père de Vidal à l'époque où une robe de moine n'était pas un passeport pour celui qui la portait, eût voulu acquitter sa dette de reconnaissance en allégeant pour son élève les ennuis de l'étude; mais son ministère de prêtre lui laissait trop peu de temps pour qu'il dirigeât avec fruit l'éducation d'un enfant vif et turbulent, qui préférait le sable des grèves et les champs d'oliviers à la chambre du curé transformée en salle d'étude. Vidal et son jeune frère travaillaient ensemble, s'aidant l'un l'autre, en l'absence du père Ducros, moins pour bien faire leurs devoirs que pour s'en débarrasser le plus promptement possible. Aussi l'éducation première de notre collègue eût-elle été insuffisante, si Vidal père ne s'était décidé à donner un précepteur à ses enfants. La vie au grand air est tellement active, que l'intelligence en reçoit souvent une heureuse influence. Presque sans effort, Vidal apprit assez de latin pour qu'il crût bientôt pouvoir se dispenser d'étudier. Il continua à vivre près de son père et de sa mère dans une douce oisiveté jusqu'en 1823, époque à laquelle, s'étant décidé à étudier la médecine, il se rendit à Marseille, où il devint tout de suite élève externe de l'Hôtel-Dieu. Après six mois d'étude, il fut chargé des fonctions d'interne, qu'il remplit pendant quatre ans. Durant son internat, il s'était lié d'une étroite amitié avec un jeune homme qui devait plus tard, lui aussi, honorer l'école qui l'avait accueilli. Ce lien qui s'établit entre Vidal et M. Goyrand ne devait se rompre que par la mort de l'un des deux amis.

Tous les deux, ils vinrent ensemble à Paris pour compléter les études qu'ils avaient commencées à Marseille. Quand ils arrivèrent au quartier latin, Vidal, qui n'avait que 100 francs par mois, dut plus d'une fois se rappeler le bonheur dont il avait joui à Cassis : bien-être de la maison paternelle, tendresse de la famille, vent de la mer qu'on ne peut oublier, adieu ! Vidal est entré sur la terre classique de la faim, du travail et de l'ambition. Il souffrira peut-être de sa pauvreté et il ne voudra plus retourner à Cassis, où pourtant il eût été si heureux !

Son histoire est et sera encore celle de bien d'autres; il avait trop de pénétration dans l'esprit pour ne pas comprendre de bonne heure que l'on peut être le premier dans son village et le second ailleurs; mais tout en reconnaissant que le monde dans lequel il était appelé à vivre désormais était d'un ordre supérieur à celui dans lequel il avait passé sa première jeunesse, il sentait en lui une vigueur qui lui disait sans cesse qu'il était de taille à se mesurer avec les plus forts.

Pour arriver aux premiers rangs, il faut se résigner à une vie de lutte, à laquelle il se prépara par des publications périodiques.

Il venait de subir sa thèse de docteur en 1828, lorsque Fabre, son compatriote, fonda la *Gazette des hôpitaux* et lui demanda sa collaboration. Ce fut pour notre collègue une excellente occasion de se produire. Il entra dans cette voie avec l'ardeur de son âge et l'esprit frondeur de son pays.

En étudiant les races qui composent la France telle qu'elle est aujourd'hui, il est impossible de méconnaître que quelques-unes de nos anciennes provinces ont conservé, avec leurs types extérieurs, l'esprit qui les distinguait à leur origine. Cette accentuation des races est surtout prononcée dans les pays qui ont un patois ou une langue différente de celle que nous parlons. Il faut donc, pour être juste dans le jugement que l'on porte sur les hommes, tenir compte des qualités et des défauts inhérents à leur race, et ne pas demander à un enfant du Midi le calme et la bienveillance indolente de l'homme du Nord.

Vidal avait été élevé dans une province dont les habitants ont une verve railleuse qui convient admirablement au journalisme. Les relations qu'il se créa développèrent encore son penchant naturel. Fin et railleur, beau diseur de mots plaisants et agressifs, il épanchait son ressentiment en railleries, qui, plus d'une fois, firent croire à tort que son cœur était d'accord avec son esprit dans les attaques qu'il dirigeait contre ses adversaires. Il voulait châtier en riant, mais il lui arrivait parfois de mal juger de la profondeur des blessures qu'il allait faire. Aussi s'étonne-t-il dans un des feuilletons plaisants qu'il publiait, sous le nom de *Lyrac*, dans la *Gazette des hôpitaux*, que l'on ait pu lui supposer une intention méchante : « *Il s'est trouvé*, s'écrie-t-il, *quelqu'un qui a dit que j'écris avec un poignard! La plume du docteur Lyrac, un poignard! Sonnez, sonnez, cors et musettes!* » Non, Vidal n'était pas méchant, et s'il lui arriva d'en avoir les apparences, c'est que sa verve n'épargnait ni les ridicules ni les prétentions exagérées, et qu'elle fut souvent d'une causticité qui faisait plus que chatouiller ceux qui, se préoccupant moins de l'honorabilité que de la fortune, avaient le malheur de tomber sous sa plume.

Pour faire connaître Vidal comme journaliste à ceux qui ne le connaissent que par ses livres, il faudrait toucher à des questions de personne qu'il ne me plairait pas de raviver. Je vous demanderai donc la permission de ne citer que quelques passages qui ont un caractère de généralité, et qui suffiront pour donner une idée de son talent.

« La succession de M. ***, deux fois académicien, a été ouverte, dit-il, avant que sa tombe fût fermée. J'ai rencontré hier trois milords qui quêtaient déjà des voix (le milord est un cabriolet à quatre roues, qui va plus lentement que les autres et qui secoue davantage). Ces milords n'ambitionnaient que l'Académie de médecine. Mais pour l'Institut, c'est la calèche qui sort. On parle de trois candidats, trois professeurs de la Faculté, tous trois très dignes de remplacer M. ***; deux font et feront de nombreuses démarches et mettront en jeu les ressorts politiques, littéraires, physiologiques et même religieux. La doctrine et la religion seront aux prises : je parie pour la doctrine. »

A propos d'une autre place vacante à l'Académie, il raconte les vicissitudes des candidats, et il termine ainsi :

« Les visites pour cette place ont été très nombreuses ; il a fallu les faire par des temps affreux : neige, glace, verglas, couvraient les sentiers de l'immortalité ; il était impossible de les parcourir à pied, et très coûteux de les faire en voiture. Aussi un médecin un peu parcimonieux, et ayant cependant de vrais titres scientifiques, s'est mis à additionner le prix des courses de cabriolet, celui des gants plus ou moins blancs nécessaires aux visites, et trouvant que c'était trop coûteux d'aller à l'immortalité en hiver, il n'a fait aucune démarche, se réservant de se présenter à pied quand une place serait vacante en été. »

En parlant de tous les petits moyens auxquels quelques hommes ont recours pour réussir, il lâche cette boutade :

« Un poëte a dit, je crois, que c'est avec des dîners que l'on gouverne les hommes. Vingt ans après, les médecins se sont aperçus que la chose pouvait bien être. » Il disait, continuant la même idée : « Il faut que cet homme ait un bien bon cuisinier pour que ses opinions résistent à tant d'attaques. »

Je terminerai ces citations par un article qu'il fit à propos de l'accident du chemin de fer de Versailles :

» Les victimes, dit-il, étaient encore fumantes, et le puff se jetait déjà sur ce malheureux événement pour l'exploiter. A peu près toutes les classes de la société se sont distinguées dans cette occasion, mais par des procédés différents, car le puff est une grande méthode qui a ses procédés. (Suit l'énumération des procédés.) Tout cela, continue-t-il, est bien triste ; voilà pourquoi je tardais tant à vous l'écrire. On a compté les victimes de cet effroyable événement ; elles sont heureusement bien au-dessous du chiffre des sauveurs, puisqu'il est dit que ceux-ci sont au nombre de six cents, indiqués au ministère de l'intérieur pour avoir la croix. »

En dehors des critiques des *Revues* et des *Feuilletons*, Vidal a publié dans les journaux des articles scientifiques en trop grand nombre pour que je puisse vous les citer tous. Ces articles rentrent d'ailleurs dans une catégorie de travaux dont j'ai hâte de vous parler. Ils vous feront voir Vidal comme chirurgien et comme spécialiste.

Il était vraiment chirurgien ; son esprit inventif n'a pu s'exercer que dans un cercle trop étroit pour que les besoins d'une pratique toute spéciale lui suscitassent de grandes découvertes ; mais on peut juger de ce qu'il eût pu faire par ce qu'il a fait.

Il était, je crois, encore étudiant, lorsqu'il eut l'idée de faire des opérations en plusieurs temps. J'ai vu, m'écrit M. Goyrand, naître et germer dans l'esprit de mon ami les idées sur le débridement multiple appliqué à la taille et à l'opération de la hernie crurale étranglée. J'ai été le confident de ses idées sur l'opération de la taille sus-pubienne en deux temps, et sur la cystotomie par le caustique, avant qu'il en eût entretenu le public. D'après cela, je suis porté à croire que ce sont ses pensées d'étudiant qu'il épanchait ainsi dans ses conversations avec son condisciple.

« Dès 1832, dit Vidal, je me suis prononcé, dans la *Gazette médicale*, contre l'unité de temps adoptée pour toutes les opérations. » Plus tard, dans son *Traité de pathologie chirurgicale*, il commente cette idée :

« La nature, dit-il, avant de diviser les tissus, opère des réunions ; elle se livre, au préalable, à un travail d'organisation : ainsi, autour des solutions de continuité qu'elle va opérer, naissent des adhérences, ou bien les tissus s'épaississent. C'est la synthèse qui a précédé la diérèse. Dans nos opérations ordinaires, on ne trouve rien qui ressemble à cela ; et cependant nos procédés, pour être efficaces, devraient se rapprocher le plus possible de ceux de la nature. Il y a là de quoi réfléchir ; il y a tout un avenir pour la chirurgie, mais il faudrait se comprendre. Voilà ce que j'écrivais dans ma première édition de 1839. Une partie de mes vœux se trouve exaucée. Des chirurgiens d'un mérite réel font plus de cas des caustiques et déposent un peu plus souvent le bistouri. Dans un travail récent, un chirurgien a cherché à démontrer les avantages de la cautérisation pour prévenir et même pour arrêter la phlébite et d'autres inflammations graves. D'autres chirurgiens sont entrés dans la même voie ; comme lui, ils n'indiquent pas la source où ont été puisées les inspirations qui les ont conduits à une expérimentation si utile. Un pareil silence prouverait que c'est d'eux-mêmes qu'est venue l'impulsion, ce qui est encore plus favorable aux principes que je soutiens depuis si longtemps (1). »

Avant l'école de Lyon, Vidal a parlé du parti que l'on peut tirer de la cautérisation ; on ne parle pas de lui, et il croit avoir le droit de s'en plaindre, mais il le fait comme un homme découragé et revenu des vanités du monde. Il ne récrimine pas : « *Le silence*, dit-il, *prouverait que c'est d'eux-mêmes qu'est venue l'impulsion, ce qui est encore plus favorable aux principes que je soutiens depuis si longtemps!* » Il a plutôt l'air de trouver là une consolation. Il n'en est rien ; plus bienveillant qu'on ne l'a dit, il ne suppose pas aux autres des intentions dont il serait incapable ; il voudrait ne pas se plaindre ; mais en voyant ses travaux méconnus ou oubliés, il regrette qu'on ne lui rende pas justice, et il laisse deviner qu'il en est malheureux.

Pour s'opposer à l'infiltration urineuse qui s'observe à la suite de la cystotomie sus-pubienne, il propose de faire l'opération en plusieurs temps, soit qu'après avoir incisé tous les tissus jusqu'à la vessie, on s'arrête pour n'ouvrir cette poche qu'au bout de quelques jours, soit que par des applications quotidiennes d'un porte-caustique, on opère sans instrument tranchant. Dans l'un et l'autre procédé, il se propose d'opposer une barrière à l'urine par la lymphe plastique, qui soude les unes aux autres les différentes couches dont la paroi abdominale est composée.

(1) Voyez Philipeaux, *Traité pratique de la cautérisation*. Paris, 1856, p. 168.

Bien que cette méthode remonte déjà à une époque assez reculée, on n'en a pas fait un nombre d'applications suffisant pour que l'on puisse se prononcer définitivement sur sa valeur. Mais je serais injuste envers Vidal si je ne reconnaissais pas qu'elle est ingénieuse, et que, sans être l'auteur de cette méthode, il est facile de comprendre qu'il n'a pas fallu un grand effort d'imagination pour conclure de l'innocuité de la taille sus-pubienne par le caustique à l'innocuité des opérations pratiquées sur l'urèthre dans sa portion sous-pubienne.

Puisque j'ai parlé de la taille, je dirai tout de suite que Vidal a apporté à l'opération de la lithotomie prostatique une importante modification, en faisant entrer dans la pratique le procédé du *débridement multiple*. Ce fut le sujet de sa thèse inaugurale, qu'il soutint à vingt-cinq ans.

Bien avant que l'on eût appliqué les fils d'argent aux sutures vaginales, il avait reconnu qu'ils exposent moins que les fils de lin ou de soie aux accidents inflammatoires. Partant de ce principe, il imagina, pour la cure radicale du varicocèle, un procédé qui, à lui seul, a peut-être donné plus de résultats heureux que tous les autres ensemble, et l'on sait que le nombre en est grand. Vidal attachait sans doute une grande importance à la nature du lien, mais il ne tenait pas moins à la multiplicité des sections du paquet variqueux. Les fils d'argent dont il se servait, étant tordus sur eux-mêmes, se trouvaient ainsi correspondre à plusieurs points de la longueur des veines du cordon, de telle sorte que les vaisseaux compris dans cette ligature devaient être coupés autant de fois qu'ils s'étaient enroulés autour des liens.

Sans discuter les questions d'opportunité et de procédés opératoires, nous devons reconnaître que l'opération de Vidal est une de celles qui resteront dans la science; elle est bien conçue, elle a donné de bons résultats; elle suffirait à prouver que son inventeur eût pu enrichir la médecine opératoire, s'il n'avait pas donné une autre direction à son esprit, trop élevé pour faire grand cas de ces petites inventions dont certains hommes sont si enclins à réclamer la priorité. « Le génie, dit-il au commencement de son *Traité de pathologie externe*, crée des méthodes; les procédés naissent plutôt du talent et parfois du demi-talent; car on a tellement abusé du mot procédé, que des modifications insignifiantes, des accidents opératoires même, ont fini par être décorés de ce titre. »

Si Vidal n'attache pas une grande importance aux modifications insignifiantes des opérations, il n'est point indifférent quand il s'agit d'une découverte d'une utilité incontestable.

Pour maintenir en contact les lèvres d'une plaie dont on veut obtenir la réunion immédiate, il imagina des petites pinces qu'il appela *serres-fines*. Cette invention fut pour son auteur l'occasion de discussions qui ne cessèrent qu'à l'époque où l'Académie des sciences, prononçant sur la question d'utilité et de priorité des serres-fines, décerna à Vidal un prix de 2500 fr. « La question de priorité, dit-il, a été nécessairement soulevée à l'occasion des *serres-fines ;* on a exhumé les crochets, les boucles, les agrafes de l'antiquité ; on a ressuscité des insectes crochus qui saisissaient intelligemment les bords de la plaie, insectes que l'on tuait sur place, et qui n'en persistaient pas moins dans leur fonction unissante ! » Il prouve ensuite que les instruments auxquels on a comparé les serres-fines ne sont en réalité que des moyens unissants, qui se rapportent aux sutures avec tiges, telles que la suture entortillée, ou bien analogues à la suture faite par Dieffenbach, avec des épingles fines qu'on laisse dans la plaie, et dont les extrémités sont courbées l'une vers l'autre. « Quant aux insectes, ajoute-t-il, je n'en dirai rien, car j'écris ici très sérieusement. »

Aujourd'hui personne, je pense, n'aura l'idée de disputer à Vidal le mérite de son invention. Sans penser, comme lui, que les fils et les épingles qui traversent les chairs dans les sutures sont des conducteurs le long desquels l'érysipèle peut s'insinuer dans les tissus sous-cutanés, et devenir ainsi de nature phlegmoneuse, nous avons tous employé les serres-fines, et il n'est aucun de nous qui n'ait eu l'occasion de s'en servir utilement.

C'est surtout pour la réunion des lèvres de la plaie qui succède à l'opération du phimosis, que Vidal reconnut l'utilité des serres-fines. C'est même, je crois, à cause de la longueur du temps nécessaire pour faire une suture à points séparés, et en cherchant à remédier à ses inconvénients et à son inefficacité pour maintenir en contact les deux feuillets du prépuce, qu'il eut la première idée de son invention.

Pendant qu'il était chirurgien de Lourcine, ayant reconnu l'opiniâtreté du catarrhe utérin, il tenta de faire cesser l'écoulement qui en résulte en pratiquant dans l'utérus des injections de nitrate d'argent. Il s'en loue beaucoup dans un mémoire qu'il a publié sur ce sujet, et je suis porté à croire qu'il a raison.

Il y eut sans doute quelque hardiesse à mettre une solution caustique en contact avec une membrane muqueuse qui passait pour avoir une effrayante susceptibilité ; il y en eut une plus grande encore à injecter cette solution dans la matrice qui, par l'intermédiaire de la trompe utérine, communique avec la cavité péritonéale ; mais Vidal ne se décida à cette opération qu'après l'avoir répétée un grand nombre de fois sur le cadavre, et après avoir reconnu qu'il n'y a jamais de danger à injecter brusquement quelques gouttes d'une solution contenant 5 centigrammes de nitrate d'argent pour 20 grammes d'eau distillée.

Cette pratique, qui donnait des résultats satisfaisants, fut pour son auteur l'occasion d'assez vives contrariétés dont il parle encore en 1853 : « Ces injections, dit-il (1), ont d'abord rencontré une forte opposition dans les cours, dans les journaux ; puis s'éleva la question de priorité, ce qui prouvait déjà un véritable succès. J'ai été obligé de me défendre alors d'avoir inventé ce moyen. J'ai dit que je ne prétendais qu'au mérite de l'avoir

(1) *Traité des maladies vénériennes.*

conservé à la thérapeutique, et j'ai même désigné plusieurs inventeurs contemporains, le tout pour avoir la paix, et je n'ai pas réussi. »

Vous le voyez, messieurs, Vidal, qui, comme chirurgien d'hôpital, n'eut guère à pratiquer des opérations que sur les organes génitaux, a montré, comme opérateur, un esprit inventif qui nous dit assez qu'il eût rendu de grands services à la chirurgie s'il n'avait pas consacré sa vie à l'étude des maladies vénériennes.

Beaucoup de chirurgiens prétendent au titre de praticien habile sans avoir fait autant que lui pour la pratique des opérations, et pourtant, en le représentant ainsi, on donnerait de sa vie une fausse idée. C'est surtout comme auteur d'un *Traité de pathologie externe et de médecine opératoire* qu'il avait acquis de la renommée, lorsque parut, en 1853, son *Traité des maladies vénériennes*. Le premier de ces ouvrages a été apprécié par M. Marchal (de Calvi) en quelques lignes que je vous demande la permission de reproduire ici : « Bientôt, dit M. Marchal (1), de cette plume que quelques-uns avaient peut-être jugée légère, on vit sortir cinq grands volumes de haute science, tout un immense *Traité de pathologie externe et de médecine opératoire*. Le journaliste devenait tout à coup un classique. Quatre éditions de ce grand ouvrage, qui ont porté le nom de l'auteur jusqu'aux limites du monde civilisé, prouvent du reste combien ce livre répondait aux besoins de notre époque.

» Vidal, lorsqu'il écrivit son Traité, n'avait pas beaucoup fait par lui-même ; mais il était riche de l'expérience des autres, dont il avait suivi la pratique dans tous les hôpitaux de Paris, et il avait beaucoup étudié. Aussi, sans faire oublier le livre de Boyer, monument impérissable de sage pratique chirurgicale, son ouvrage passa dans toutes les mains à titre de livre d'initiation ou de livre courant, comprenant le vaste tableau de la chirurgie au point où elle est parvenue aujourd'hui, tracé par un homme familiarisé avec les procédés de la philosophie scientifique. Vidal était actuel, Boyer devenait historique. Quand on parle du Traité de Vidal, il faudrait presque dire les Traités, car celui des dernières éditions est, à proprement parler, un livre nouveau, tellement l'auteur le remania et y ajouta ; on est étonné d'un tel travail en si peu d'années, et l'on se demande comment une organisation, minée dès la jeunesse par un mal profond, a pu y suffire. »

J'ajouterai que ce livre se recommande par la solidité du raisonnement, par une érudition qui atteint son but, par la clarté de l'exposition aussi bien que par la sagesse de la méthode qui a présidé à sa rédaction.

J'ai hâte, messieurs, d'arriver au livre que Vidal a le plus travaillé, et sur lequel il a surtout compté pour passer à la postérité : son *Traité des maladies vénériennes* est merveilleusement conçu ; écrit d'un style précis, clair, et d'une élégance sans prétention, il n'est pas moins remarquable par la jus-

(1) *Discours prononcés sur la tombe de Vidal*, p. 13.

tesse de ses appréciations que par la conviction qui les a dictées. Pour justifier cette dernière assertion, je ne peux me dispenser de rappeler quelques-unes des idées auxquelles il attachait le plus d'importance, et au sujet desquelles il était en dissidence avec la plupart des syphilographes (1).

Après avoir longtemps étudié les maladies syphilitiques, il avait acquis la conviction que les idées professées à l'hôpital du Midi étaient comme un échafaudage qui s'écroulerait dès que l'on toucherait à sa base. Avec cette croyance, il voulut se fixer à l'hôpital des Vénériens, persuadé, disait-il, qu'il suffirait de dire le contraire de son collègue pour être sûr de professer la vérité. Par cette détermination, il se créa une vie de lutte dans laquelle il ne devait pas trouver tout de suite la satisfaction d'amour-propre sur laquelle il avait sans doute compté.

Le collègue dont il attaquait les idées avait une immense popularité, qui s'appuyait sur des études sérieuses, sur une grande imagination, sur une finesse remarquable à se préparer des moyens de défense, des fins de non-recevoir, et, par-dessus tout, sur l'art de séduire par ses manières avenantes toutes les personnes, riches ou pauvres, jeunes ou vieilles, qui avaient des relations avec lui.

Vidal n'avait pas toutes ces qualités : il ne cherchait point à séduire les élèves qui suivaient ses leçons, il se contentait de développer ses idées devant eux, frondant ses adversaires, raillant malicieusement ses contradicteurs, comptant sur l'avenir pour avoir raison, mais pourtant souffrant que sa voix n'eût pas assez de retentissement pour étouffer celle de son collègue.

Si nous nous arrêtons un instant sur quelques-uns des sujets les plus intéressants des contestations de Vidal et de M. Ricord, nous comprendrons l'intérêt que l'un et l'autre devaient y attacher.

S'appuyant sur l'inoculation, M. Ricord professait que, depuis le moment où le pus du chancre est déposé sur une membrane muqueuse ou au-dessous de l'épiderme, il y a une série non interrompue de phénomènes jusqu'à la réparation complète de l'ulcération. Il pensait, en outre, que l'action du pus inoculé reste locale jusqu'au quatrième ou cinquième jour. On comprend l'importance d'une pareille proposition. C'était là une des *lois* de l'hôpital du Midi. D'après cette manière de voir, en détruisant le chancre par la cautérisation trois jours après son apparition, le sujet contaminé devait être à l'abri des accidents constitutionnels.

Vidal n'admit pas cette opinion. Il se rangea tout de suite sous la bannière de Hunter, pour qui l'incubation était un fait incontestable. Repoussant les données de l'expérimentation, il s'appuya sur les faits cliniques et les lois générales qui régissent le développement des maladies virulentes, pour soutenir que le chancre n'apparaît jamais qu'après une incubation de quel-

(1) Diday, *Exposition critique et pratique des nouvelles doctrines sur la syphilis*. Paris, 1858, in-18.

ques jours, c'est-à-dire au moment où la constitution est déjà infectée.

Il a fallu, messieurs, une vigueur d'esprit peu commune pour résister à l'argumentation de M. Ricord, et ne pas se laisser séduire par une erreur en faveur de laquelle militait une dialectique dont la puissance est encore mieux appréciée, depuis que des expériences faites à l'hôpital Saint-Louis (1) ont permis de reconnaître ce qu'il a fallu de ressources dans l'esprit pour faire vivre si longtemps des idées qui ne reposaient que sur la fausse interprétation d'une expérience.

Sur quoi, en effet, s'est-on fondé pour dire qu'en cautérisant avant le cinquième jour on met le malade à l'abri d'une infection générale? Sur l'inoculation du pus provenant des chancres mous, puisque, pour être efficace, la cautérisation devait être pratiquée avant que l'ulcération eût revêtu les caractères du chancre induré (2).

Or, M. Ricord admet lui-même aujourd'hui que cette espèce d'ulcération n'est jamais suivie d'accidents secondaires.

Vidal comprenait que cette opinion sur l'innocuité d'un chancre cautérisé, ainsi que beaucoup d'autres, ne resterait pas longtemps debout, le jour où quelqu'un oserait la soumettre à l'épreuve de l'inoculation pratiquée sur des sujets sains; mais, indulgent pour les convictions de ses confrères, il était d'une grande sévérité pour lui. « Il est, dit-il (3), des pratiques qu'on ne suit pas et que l'on blâme : ce sont celles qui sont essentiellement mauvaises. Il en est que l'on ne suit pas, mais on ne blâme pas pour cela ceux qui les suivent, parce qu'elles ont en leur faveur des faits et des autorités incontestables. »

Avec cette morale, il ne pouvait pas recourir, pour renverser un système qu'il croyait erroné de tous points, à une arme qu'il eût trouvée déloyale entre ses mains. A l'exception d'une inoculation de plaques muqueuses qu'un jeune médecin se fit faire par lui, Vidal ne combattit qu'avec les ressources qu'il trouvait dans l'observation des faits cliniques, et son argumentation avait déjà fortement ébranlé le système de ses adversaires, lorsque des expériences et de nouvelles observations sont venues lui porter le dernier coup.

Vidal ayant été longtemps méconnu par les partisans de la doctrine de l'hôpital du Midi, qui ne voyaient en lui qu'un entêté refusant d'ouvrir les yeux à la lumière, il convient, ce me semble, de continuer à rapprocher les idées professées par M. Ricord pendant vingt-cinq ans de celles qui tendent chaque jour à s'infiltrer dans la jeunesse médicale qui a tant contribué au succès de la doctrine de l'inoculation.

Le système de l'hôpital du Midi repose sur ce double axiome: Tout chancre

(1) Rapport de M. Gibert (*Bulletin de l'Académie de médecine*, Paris, 1859, t. XXIV, p. 888).

(2) Ricord, *Traité pratique de l'inoculation*, p. 93.

(3) *Des indications et des contre-indications en médecine opératoire*.

qui n'est pas arrivé à la période de réparation est inoculable ; toute ulcération qui n'est pas inoculable à la période de progrès n'est pas un chancre.

Cela étant admis, l'argumentation était facile : du pus étant donné, si par l'inoculation il produisait une pustule d'ecthyma, on concluait qu'il provenait d'une ulcération de nature à donner lieu aux accidents constitutionnels.

C'est avec cet axiome que l'on imposa silence aux médecins qui persistaient à vouloir que la blennorrhagie fût un accident syphilitique; aux observations de blennorrhagies suivies d'accidents constitutionnels on objectait, en effet, que le pus provenant de l'urèthre n'avait pas été inoculé. Si vous l'aviez inoculé, disait-on, il eût donné lieu à la pustule caractéristique, et vous eût ainsi prouvé qu'il y avait là deux choses : une blennorrhagie et un chancre infectant. Des chancres ayant été découverts dans l'urèthre, la victoire parut complète !

N'allez pas croire, messieurs, que je veuille soutenir l'identité du chancre et de la blennorrhagie. Je crois bien qu'il y a une certaine parenté plus ou moins éloignée entre ces accidents; mais on n'a point encore à me reprocher d'avoir appliqué à l'un le traitement de l'autre. J'ai seulement voulu rappeler combien était puissante l'arme avec laquelle on combattait, et les conséquences que l'on tirait de la théorie de l'inoculabilité des accidents primitifs de la syphilis.

En dehors du chancre, point d'inoculation ; en dehors de l'inoculation, point de vérole ; en dehors de la cautérisation avant le cinquième jour, point de salut !

Cette doctrine était trop simple pour ne pas séduire. Aussi Vidal, avec M. Cazenave, et quelques autres en petit nombre, furent-ils les seuls dissidents, jusqu'au moment où une observation plus attentive vint démontrer que le chancre *induré* n'est jamais inoculable sur le malade qui en est affecté ! Il y a encore aujourd'hui beaucoup d'anciens élèves de l'hôpital du Midi qui tressaillent de surprise et d'indignation quand ils entendent émettre une pareille proposition ; ils ne peuvent pas croire que la science en soit venue là, et pourtant, d'après M. Ricord lui-même, ce n'est qu'exceptionnellement que le pus des chancres indurés est inoculable.

Cet aveu anéantit toute l'argumentation qui reposait sur l'inoculabilité ; la pierre de touche fait défaut ; l'arme avec laquelle on avait porté de si rudes coups se trouve brisée. La grande lumière projetée par le système de l'inoculation n'a plus aujourd'hui que l'éclat d'un feu follet qui ne pourrait qu'égarer au lieu de guider ceux qui compteraient encore sur cette lueur pour arriver à la vérité.

On peut faire à Vidal le reproche de ne pas avoir eu assez de foi dans les idées nouvelles. Il eût été bien plus fort dans la lutte si, s'emparant de l'opinion dans laquelle les chancres non infectants seraient seuls inoculables, il s'en était servi pour battre en brèche la théorie qu'on lui avait si longtemps opposée.

Il n'a pas pu ne point apprécier les conséquences de cette nouvelle théorie, à laquelle de nombreuses expériences semblent donner dès à présent une grande valeur. En ne l'acceptant pas, on dirait qu'il a cédé à un penchant de son esprit, qui le mettait en défiance contre les idées des novateurs, ou bien qu'il a voulu, pour se prononcer, attendre la consécration du temps, et la certitude de ne point avoir à désavouer plus tard une théorie dont on eût pu l'accuser de s'être fait le partisan, parce qu'elle ruinait le système de son adversaire.

Une autre proposition non moins importante que la précédente était considérée par M. Ricord comme une loi immuable ; je veux parler de la non-contagion des accidents constitutionnels de la syphilis. S'appuyant sur l'observation clinique, Vidal soutenait la possibilité de la transmission de ces accidents ; il crut même avoir inoculé une plaque muqueuse ; plusieurs faits semblables d'inoculation ne tardèrent pas à être publiés. Les tribunaux, forcés de prendre parti dans la question, admirent bientôt la contagion des plaques muqueuses de l'enfant à la nourrice.

L'opinion se prononçait décidément dans le même sens; mais M. Ricord ne se tenait pas pour battu : il répondait qu'ayant en vain tenté d'inoculer le produit de sécrétion des plaques muqueuses sur le malade déjà contaminé, il avait toujours échoué. De même qu'il avait soutenu qu'il n'y a pas d'observations authentiques d'ulcères qui, détruits avant les cinq premiers jours qui suivent un coït infectant ou tout autre mode de contagion, aient donné lieu ensuite à des symptômes secondaires, il mettait au défi qu'on le rendît témoin d'une inoculation de plaques muqueuses. Les faits qui lui étaient opposés n'étaient, disait-il, autre chose que le résultat d'une erreur de diagnostic : on avait pris un chancre pour une plaque muqueuse.

On était mal à l'aise pour répondre à une pareille argumentation, et, si l'on ne se rendait pas, on était exposé à des plaisanteries qui représentaient l'opposant comme un homme candide, croyant trop à l'amitié, et ne sachant rien de la perfidie des femmes.

Vidal, lui aussi, aimait à plaisanter ; mais il trouvait le sujet trop grave, n'oubliant pas qu'il y avait là une question d'humanité au-dessus de la question de doctrine. Il rappelait les travaux de Wallace, de Waller, et de bien d'autres, qui lui semblaient avoir plus de valeur que des plaisanteries ; mais l'opinion contraire à la sienne avait toujours ses partisans.

Aujourd'hui, les choses ont changé. Après les expériences qui viennent d'être faites à l'hôpital Saint-Louis, la possibilité de la transmission de la syphilis par le produit de la sécrétion des plaques muqueuses paraît admise par les partisans les plus fervents de l'opinion contraire. Que n'a-t-il été donné à Vidal d'assister au triomphe d'une idée qu'il avait défendue comme s'il en avait été le père ! Que n'a-t-il vécu assez pour entendre invoquer son opinion par son adversaire, qui, en avouant son erreur, regrettait généreusement que Vidal n'eût pas eu la part qui devait lui revenir dans la discussion (1)!

Si Vidal avait assisté à cette séance de l'Académie, qui, suivant une expression remarquée, a été un événement, il eût compris qu'il grandissait dans l'opinion publique; mais son adversaire eût été à ses yeux peut-être aussi grand dans son échec qu'il l'était entouré de la foule enthousiaste qui l'égarait en l'empêchant de se recueillir.

Après vous avoir entretenus de Vidal comme chirurgien, comme auteur et comme journaliste, il ne me reste plus, messieurs, qu'à retracer devant vous quelques-uns des événements les plus notables de la vie de notre collègue.

Quand je lis l'histoire d'un homme qui a brillé dans les sciences, dans les lettres ou dans les arts, rien ne m'intéresse autant que l'époque où, loin de sa famille, il a dû souffrir de la faim et du froid.

Au point de vue psychologique, c'est une étude d'un grand intérêt. Parmi ceux qui ont souffert, il y en a quelques-uns qui, exagérant leurs souffrances, cherchent à monter en apitoyant et en tendant la main. Ils deviennent rarement l'honneur du corps qui les recueille; d'autres, et c'est le plus grand nombre, disons-le bien haut à l'honneur de la pauvreté, entrent dans l'arène sans se préoccuper des difficultés, et mettent bien au-dessus des douleurs du corps et des joies de la richesse la célébrité et la gloire, qu'il est si doux de rêver quand on est jeune.

Vidal vint à Paris avec de l'ambition, du courage, et de l'admiration pour toutes les grandes choses. La misère ne l'effraya jamais; je ne crois pas même qu'il se soit demandé si, avec les cent francs que son père lui envoyait chaque mois, il était riche ou pauvre. Aussi ce fut moins pour avoir de l'argent que pour répandre le trop-plein de son esprit qu'il devint, avec M. Goyrand, le collaborateur du fondateur de la *Gazette des hôpitaux*.

Il était docteur depuis un an, lorsqu'il commença à essayer ses forces dans le concours de l'agrégation en médecine qui s'ouvrit le 5 août 1829.

Ayant échoué, il se présenta, le 1er mars 1830, au concours de l'agrégation en chirurgie. Puis, ayant échoué encore, il ne se découragea pas. Descendant des Phocéens, qui, jetant une pierre à la mer, juraient de ne revenir, s'ils n'étaient pas vainqueurs, qu'au jour où la pierre surnagerait, il attendit une nouvelle lutte avec toute l'ardeur d'un homme qui a conscience de sa valeur.

Un nouveau concours pour l'agrégation en médecine s'étant ouvert en 1832, ses efforts, cette fois, furent couronnés de succès, et il devint agrégé, n'ayant encore que vingt-neuf ans.

L'année suivante, il fut nommé chirurgien du Bureau central. Il put alors se reposer de ses luttes.

(1) *Bulletin de l'Académie de médecine*, t. XXIV, p. 931 et suiv.

Envoyé à Aix par M. Thiers pour donner des soins aux cholériques, il fut décoré à son retour, et le conseil municipal lui offrit deux ou trois mille francs de livres, qu'il a voulu léguer à la ville qui les lui avait donnés.

Les quelques années qui suivirent son entrée au Bureau central et à l'École de médecine furent sans doute les moins tristes de sa vie. Lié avec des littérateurs dont l'esprit répondait au sien, il eût été heureux, si une maladie, qui avait troublé son adolescence, n'avait déjà commencé à lui faire craindre quelque lésion grave du côté des reins.

Peu à peu son humeur s'assombrit, sa raillerie devint plus mordante. S'efforçant de cacher ses souffrances qui grandissaient, il fréquentait les hommes heureux et jeunes, et son rire souvent n'était pas moins bruyant que le leur.

Mais il souffrait, et je pense encore aujourd'hui avec tristesse qu'un jour j'ai pu ajouter à son découragement par des articles de journaux, dont il ne s'est vengé qu'en se montrant envers moi aussi bienveillant que si je ne lui avais causé aucun déplaisir.

Vidal n'a pas eu seulement de longues souffrances physiques, il a eu le chagrin de ne pas atteindre le but auquel il avait le droit de prétendre. Trop droit pour prendre le chemin que d'autres suivent en baissant la tête, il se vit dépasser dans la carrière des honneurs par des hommes qui lui étaient inférieurs. Mais que sont les déceptions à côté du malheur qui devait le frapper ? Il avait un fils d'une figure charmante, et d'une intelligence plus charmante encore. Un pareil enfant est la compensation de toutes les souffrances de la vie pour un homme qui a eu plus de déceptions que de joies. Quand surtout on a dû consumer sa jeunesse dans des luttes où le travail n'est jamais sûr de son salaire, il est bien doux de recommencer à vivre dans son enfant, et d'avoir pour lui des espérances que l'on ne peut plus avoir pour soi. Vidal se plaisait à trouver chez son fils le germe des qualités qui rendent heureux et de celles qui élèvent au-dessus des autres hommes ceux qui en sont doués. Ce bonheur, hélas ! devait être pour lui de bien courte durée !

Quand il eut bien admiré son enfant, quand il eut la conviction qu'aucun autre ne pouvait avoir plus d'esprit et être meilleur, il s'aperçut un jour qu'un mal, qui ne vous laisse vivre qu'au prix d'une affreuse difformité, allait ruiner toute sa joie en dissipant tous les rêves qu'il avait faits pour son fils. D'abord, fier de lui, il dut bientôt se résoudre à en avoir pitié ; mais son affection n'en devint pas moins tendre.

Cette maladie dura trois ans, et, quand nous accompagnâmes le pauvre enfant au cimetière, Vidal était inconsolable, comme s'il venait d'être frappé pour la première fois. Il y a des plaies du cœur que rien ne peut guérir : ni l'affection d'un autre enfant, que pourtant il aimait tendrement, ni le temps, qui allége tant de souffrances de l'âme, ne purent consoler notre malheureux collègue !

A la mort de cet enfant, commença réellement la longue agonie de Vidal. L'air natal sembla le ranimer quelque temps ; il se vantait même d'être redevenu fort, mais il ne se faisait point illusion. Un prix, que l'Académie venait d'accorder à son *Traité des Maladies vénériennes*, put à peine faire un instant diversion au chagrin qui l'accablait. La mort ne le surprit point ; ce fut la fin des souffrances qu'il avait endurées avec courage.

Souvent, dans ses jours de grande tristesse, il venait se consoler dans le sein de la Société de chirurgie, dont il était membre fondateur. Ici, du moins, il a toujours trouvé une sympathie qui en ce jour le ferait tressaillir dans sa tombe, s'il pouvait savoir l'émotion qui nous anime en parlant de lui (1).

(1) Vidal est mort le 15 avril 1856. Des discours ont été prononcés sur sa tombe par MM. Velpeau, R. Marjolin et Marchal (de Calvi).

Paris. — Imprimerie de L. MARTINET, rue Mignon, 2.

BIBLIOTHEQUE NATIONALE DE FRANCE
3 7502 00973760 4

www.ingramcontent.com/pod-product-compliance
Lightning Source LLC
LaVergne TN
LVHW010257230826
846091LV00007B/3020

* 9 7 8 2 0 1 1 7 7 7 4 1 6 *